Der Mann, den die Marsianer gemacht haben

Frank Belknap Long

Writat

Diese Ausgabe erschien im Jahr 2023

ISBN: 9789359949444

Herausgegeben von
Writat
E-Mail: info@writat.com

Der Mann, den die Marsmenschen geschaffen haben

von Frank Belknap Long

Kein Sterblicher hatte die Marsmenschen jemals gesehen, aber sie hatten ihr Flüstern gehört – ohne das schreckliche Geheimnis zu kennen, das sie verborgen hielten.

ES GAB TOD im Lager.

Als ich aufwachte, wusste ich, dass es in der Nacht zu uns gekommen war und nun darauf wartete, dass der Tag anbrach und die Wüste mit Licht überflutete. An der Basis meiner Kopfhaut kribbelte es und ich war von kaltem Schweiß durchnässt.

Ich hatte den Drang, aufzuspringen und in der Dunkelheit umherzustolpern. Aber ich habe mich diszipliniert. Ich verschränkte die Arme und wartete darauf, dass der Himmel heller wurde.

Der Tagesanbruch auf dem Mars ist mit nichts zu vergleichen, wovon Sie jemals geträumt haben. Du wachst morgens auf und da ist es – hell und klar und strahlend. Du zwickst dich, du sitzt aufrecht, aber es verschwindet nicht.

Dann starrst du auf deine Hände mit den großen Schwielen. Sie greifen zum Spiegel, um einen Blick auf Ihr Gesicht zu werfen. Das ist nicht so gut. Hier kommt Hässlichkeit ins Spiel. Du siehst dich um und siehst Ralph. Du siehst Harry. Du siehst die Frauen.

Auf der Erde sieht eine Frau im grellen Licht der frühen Morgendämmerung vielleicht nicht besonders glamourös aus, aber wenn sie wirklich schön ist, sieht sie nicht schlecht aus. Auf dem Mars sieht selbst die schönste Frau beim Aufstehen wütend aus, zu müde und von menschlichen Unzulänglichkeiten gequält, um eine vorgefertigte Metallhütte zu nehmen und sie in ein richtiges Zuhause für einen Mann zu verwandeln.

Auf dem Mars muss man mit vielen Dingen rechnen. Sie müssen gleich zu Beginn damit beginnen, Not und Entbehrungen als Ihr tägliches Los zu akzeptieren. Man muss sich daran gewöhnen, in Baulagern in der Wüste zu leben, wo man sich durch den roten Staub innerlich hohl und ausgetrocknet fühlt. Man fühlt sich wie eine Trommel, eine verschrumpelte Erbsenschote, ein zum Trocknen aufgehängter gesalzener Fisch. Staub in dir drin, der herumrasselt, versickerndes Kanalwasser, das die Sohlen deiner Stiefel verfaulen lässt.

Also wachst du auf und starrst. Am Abend zuvor hattest du Treibholz gesammelt und es neben dem Feuer gestapelt. Das Treibholz ist verschwunden. Jemand hat Ihr sehr wertvolles Treibholz gestohlen. Die Marsianer? Rate nochmal.

Du stehst auf und gehst mit geraden Schultern direkt auf Ralph zu. Du sagst: „Ralph, warum zum Teufel musstest du mein Treibholz stehlen?"

In deinem Kopf sagst du das. Du sagst es zu Dick, du sagst es zu Harry. Aber was Sie wirklich sagen, ist: „Larsen war letzte Nacht wieder hier!"

Sie sagen, ich habe einen Fisch zum Kochen gebracht und Larsen hat ihn gegessen. Ich hatte ein schönes Kartenspiel, alle glänzend und neu, und Larsen hat sie markiert. Ich habe nicht betrogen. Es war Larsen, der hoffte, ich würde gewinnen, damit er mich in der Wüste überfallen und mir das ganze Geld wegnehmen konnte.

Du hast ein Mädchen. Es gibt nicht allzu viele Mädchen in den Lagern, die Lachen, Licht und Feuer in sich tragen. Aber es gibt ein paar, und wenn Sie Glück haben, gefällt Ihnen ein bestimmtes Mädchen – ihre vollen roten Lippen und ihr gesponnenes goldenes Haar. Plötzlich verschwindet sie. Jemand läuft mit ihr durch. Es ist Larsen.

In jedem Menschen schlummert ein Riese. Wenn das Leben in einer rauen und neuen Welt um dich herum tobt, musst du weiterhin Respekt vor den Jungs haben, die sich mit dir zusammengetan haben, selbst wenn ihre Impulse so hart sind wie das Glitzern des Sonnenlichts auf einem wüstenpolierten Grabstein.

Du denkst an einen Namen – Larsen. Man fängt bei Null an und baut Larsen auf, bis man ein klares Bild von ihm im Kopf hat. Man baut ihn auf, bis er ein großartiger, schreiender, streitlustiger, goldener Mann wie Paul Bunyon ist .

Sogar eine böse Legende kann auf dem Mars golden erscheinen. Larsen war nicht nur mein schlummernder Riese – oder Dicks oder Harrys. Er war der schlummernde Riese in uns allen, und das machte ihn so großartig. Alles, was riesig ist, hat Schönheit, Kraft und Antrieb.

Allein konnten wir mit Larsens Begeisterung nichts anfangen. Wenn also mit Begeisterung eine große Tat der Bosheit begangen wurde, wie konnten wir es dann sein? Hier kommt Larsen! Er wird die ganze Schuld auf sich nehmen, aber er wird sich nicht schuldig fühlen, weil er der erste Mann in Eden ist, das Kind, das nie erwachsen wurde, der lachende Junge, Herkules, der die Welt auf seinen Schultern balanciert und nach einer Frau mit langen, glänzenden Locken sucht und Augen wie die Sterne am Himmel, um sich seinem Willen zu beugen.

Wenn eine solche Frau in Herkules' Armen zum Leben erwachen würde , würde es Ihnen gefallen, ihn davon abzuhalten, die Welt zum Einsturz zu bringen? Möchten Sie es versuchen?

Verstehst du nicht? Larsen war uns näher als das Atmen und so notwendig wie Essen und Trinken und unsere Träume von einer besseren Zukunft. Glauben Sie nicht, dass wir ihn nicht zeitweise gehasst haben. Glauben Sie nicht, dass wir ihn nicht verflucht und beschimpft haben. Sie können eine Legende von hier bis in alle Ewigkeit verherrlichen, aber der Glanz bleibt nie völlig ungetrübt.

Larsen wäre uns nicht ganz real vorgekommen, wenn wir ihm nicht Muskeln gegeben hätten, die ermüden könnten, und Augen, die vor Müdigkeit zublinzeln könnten. Larsen musste schlafen, genau wie wir. Er würde tagelang verschwinden.

Wir zwinkerten und sagten: „Dieses Mal ruht sich Larsen aus. Aber er wird mit etwas Neuem im Ärmel zurückkommen, keine Sorge!"

Natürlich könnten wir darüber Witze machen. Wenn Larsen stahl oder betrog, konnten wir so tun, als würden wir ein Spiel mit geladenen Würfeln spielen – nicht wirklich ein tödliches Spiel, aber ein Spiel voller Geräusche und Wut mit einem großen, mitreißenden Heiterkeitsausbruch am Ende.

Aber es gibt bei weitem tödlichere Spiele. Ich lag regungslos da, die Arme vor der Brust verschränkt, und schwitzte aus jeder Pore. Ich starrte Harry an. Wir hatten die ganze Nacht daran gearbeitet, einen Brunnen zu graben, und in ein paar Tagen würde das Wasser süß und kühl sprudeln und wir müssten nicht mehr zum Kanal gehen, um unsere Kochutensilien zu füllen. Harry blinzelte und bewegte sich und ich konnte schon an seinem Blick erkennen, dass er sich ebenfalls unwohl fühlte. Ich schaute an ihm vorbei auf den Kreis der Hütten.

Die meisten von uns schliefen im Freien, aber es gab ein paar Jugendliche in den Hütten und Frauen, die von der Plackerei zu erschöpft waren, als dass sie sich groß darum gekümmert hätten, ob sie in erdrückender Dunkelheit oder im klaren, kalten Licht der Sterne schliefen.

Ich ging langsam auf die Knie, schaufelte eine Handvoll Sand auf und ließ ihn langsam durch meine Finger tropfen. Harry sah mich direkt an und seine Augen weiteten sich alarmiert. Es muss an meinem Gesichtsausdruck gelegen haben. Er stand auf und ging zu mir hinüber, wobei sein Mund leicht zuckte. Es gab nichts sehr Beruhigendes an Harry. Das Leben war nicht freundlich zu ihm gewesen, und er hatte sich damit abgefunden, die

Schleudern und Pfeile eines ungeheuren Glücks ohne Protest hinzunehmen. Er hatte eines dieser abgemagerten, fast totenkopfähnlichen Gesichter, die Kindern Angst einjagen und Frauen zum Weinen bringen.

„Du siehst nicht gut aus, Tom", sagte er. „Du hast dich zu sehr anstrengt."

Ich schaute schnell weg. Ich musste es ihm sagen, aber alles Schreckliche konnte Harry demoralisieren und ihn dazu bringen, in blinder Panik seinen Arm vor sein Gesicht zu werfen. Aber ich konnte es keinen Moment länger in mir behalten.

„Setz dich, Harry", flüsterte ich. „Ich möchte mit dir reden. Es hat keinen Sinn, die anderen zu wecken."

„Oh", sagte er.

Er hockte neben mir im Sand und suchte mit seinen Augen mein Gesicht. „Was ist los, Tom?"

„Ich habe einen Schrei gehört", sagte ich. „Es war ziemlich schrecklich. Jemand wurde verletzt – schlimm. Es hat mich aufgeweckt, und das erfordert einiges an Mühe."

Harry nickte. „Du schläfst wie ein Murmeltier", sagte er.

„Ich lag einfach still und lauschte", sagte ich, „mit weit geöffneten Augen. Etwas bewegte sich aus dem Brunnen – ein zweibeiniges Etwas. Es gab kein Geräusch von sich. Es war groß, Harry, und es schien so Ich verschmelze mit den Schatten. Ich weiß nicht, was mich davon abgehalten hat, aufzuspringen und ihm nachzugehen. Es hatte etwas damit zu tun, wie ich mich fühlte. Innerlich war alles eingefroren."

Harry schien es zu verstehen. Er nickte und sein Blick wanderte zum Brunnen. „Wie lange ist das her?"

„Zehn – fünfzehn Minuten."

„Du hast nur darauf gewartet, dass ich aufwache?"

„Das stimmt", sagte ich. „Der Schrei hatte etwas an sich, das mich dazu brachte, es aufzuschieben. Zwei sind in Gesellschaft – und wenn man mit so etwas allein ist, ist es am besten, darüber zu reden, bevor man handelt."

Ich konnte sehen, dass Harry zufrieden war. Auch entnervt und furchtbar erschüttert. Aber er war froh, dass ich mich an ihn als einen Freund gewandt hatte, dem ich vertrauen konnte. Wenn man sich für nichts anderes auf das Leben verlassen kann, ist es gut zu wissen, dass man einen Freund hat.

Ich wischte Sand von meiner Hose und stand auf. „Komm schon", sagte ich. „Wir werden einen Blick darauf werfen."

Es war eine Tortur für ihn. Sein Gesicht zuckte und seine Augen zitterten. Er wusste, dass ich bezüglich des Schreis nicht gelogen hatte. Wenn mich ein einziger Schrei so sehr verunsichern konnte, musste er schlimm sein.

Wir gingen in völliger Stille zum Brunnen. Überall waren Schatten, kühl und bedrohlich. Sie schienen fast wie Menschen zu sein, die miteinander flüsterten, sich in bedrohlicher, geschwätziger Stille aneinander drängten und wussten, was uns erwarten würde.

Vom Feuer bis zum Brunnen waren es 20 Meter. Ein Spaziergang in der Sonne – ein Spaziergang in der strahlend heißen Sonne des Mars, am Ende vielleicht völliger Horror.

Der Horror war da. Harry gab tief in seiner Kehle ein leises, würgendes Geräusch von sich und mein Herz begann wie eine Bassdrum zu hämmern.

II

Der Mann im Sand hatte keinen Scheitel. Sein Schädel war so abscheulich zerquetscht und abgeflacht, dass er wie eine Holzfigur aussah, die dort ruhte – eine anatomische Puppe mit abgenommener Schädelhülle.

Wir schauten uns nach dem Schädelgehäuse um und hofften, dass wir ihn finden würden, hofften, dass wir einen Fehler gemacht hatten und zufällig in ein Sezierlabor unter freiem Himmel gestolpert waren und grässliche Requisiten aus Plastik und glitzerndem Metall anstelle von Knochen und Knochen sahen Muskeln und Fleisch.

Aber der Mann im Sand hatte einen Namen. Wir kannten ihn seit Wochen und sprachen mit ihm. Er war kein medizinischer Dummy, sondern eine Leiche. Seine Glieder waren fürchterlich zuckend, seine Augen weit aufgerissen und starrend. Der Sand unter seinem Kopf war mit getrocknetem Blut verklumpt. Wir suchten nach der Waffe, die seinen Schädel zerschmettert hatte, konnten sie aber nicht finden.

Wir suchten nach der Waffe, bevor wir die Fußspuren im Sand sahen. Groß waren sie – unglaublich groß und massiv. Ein Mann mit Schuhgröße 40 hätte solche Abdrücke möglicherweise hinterlassen, wenn das Leder etwas aufgeweicht wäre und sich um die Sohlen verteilt hätte.

„Der arme Kerl", flüsterte Harry.

Ich wusste, wie er sich fühlte. Wir hatten alle Ned gemocht. Ein harmloser kleiner Kerl mit einer großen Vorliebe für die Einsamkeit, ein Kerl, der kein einziges böswilliges Haar im Kopf hatte. Ein fröhlicher kleiner Kerl, der gerne im Licht eines hochspringenden Feuers sang und tanzte. Er hatte ein Banjo und war gut im Musizieren. Wer hätte Ned mit einer so primitiven und wilden Wut hassen können? Ich sah Harry an und sah, dass er sich dasselbe fragte.

Harry sah ziemlich schlimm aus, als wäre er kurz davor, nachzugeben. Er lehnte am Brunnen, eine gequälte Wut in seinen Augen.

„Der mörderische Bastard", murmelte er. „Ich würde ihn gerne an der Kehle packen und ihm die Luft abwürgen. Wer würde Ned schon so etwas antun wollen?"

„Ich kann es mir auch nicht vorstellen", sagte ich.

Dann erinnerte ich mich. Ich glaube nicht, dass Molly Egan Ned wirklich hätte lieben können. Das Merkwürdige daran war, dass Ned nicht einmal die Art von Liebe brauchte, die sie ihm hätte geben können. Trotz seiner Gebrechlichkeit war er ein selbstständiger kleiner Kerl und brauchte eigentlich keine Frau, die sich um ihn kümmerte. Aber Molly muss etwas Erbärmliches in ihm gesehen haben.

Molly war selbst eine wunderschöne Frau, und es gab keinen Mann im Lager, der Ned nicht beneidet hatte. Es war rätselhaft, aber es hätte erklären können, warum Ned zusammengesunken mit einem eingeschlagenen Schädel im Sand lag. Es hätte erklären können, warum ihn jemand genug gehasst hatte, um ihn zu töten.

Ohne einen Finger zu rühren, hatte Ned Mollys Liebe gewonnen. Das könnte einen anderen Kerl genauso wütend machen wie eine eingesperrte Hyäne – den falschen Typ. Sogar ein kleiner Mann hätte Neds Schädel zertrümmern können, aber die Abdrücke im Sand waren groß.

Wie viele Männer im Lager trugen Schuhe der Größe 12? Das war die 64-Dollar- Frage, und sie hing in der schimmernden Luft zwischen Harry und mir wie eine unausgesprochene Herausforderung. Wir konnten fast die Kurve des großen Fragezeichens sehen, das im Blendlicht schwebte.

Ich dachte eine Weile nach und sah Harry an. Dann holte ich tief Luft und sagte: „Wir sollten es besser zuerst mit Bill Seaton besprechen. Wenn es sich zu schnell herumspricht, werden diese Fußabdrücke mit Füßen getreten. Und wenn die Gemüter ansteigen, könnte alles passieren."

Harry nickte. Bill war der Typ, auf den man sich im Notfall verlassen konnte. Cool, souverän, effizient, mit einer Autorität, die Respekt einflößt. Er konnte manchmal stur sein, aber sein Sinn für Gerechtigkeit war so scharf wie eine Peitsche.

Harry und ich gingen ganz leise über einen aufgewühlten Sandstreifen und blieben an der Tür zu Bills Hütte stehen. Bill war Junggeselle und wir wussten, dass es keine Frau geben würde, die ihm sagen würde, dass es ein

Idiot wäre, sich als Gesetzeshüter aufzuführen. Oder würde es das geben? Wir mussten es riskieren.

Strafverfolgung ist eine undankbare Aufgabe, egal ob auf der Erde oder auf dem Mars. Deshalb zieht es die Schlimmsten an – und die Besten. Wenn Sie ein machttrunkener Sadist sind, nehmen Sie den Job nur wegen des Vergnügens an, das er Ihnen bereitet. Aber wenn Sie wirklich daran interessiert sind, die Gewalt in Grenzen zu halten, damit einigermaßen anständige Jungs eine Chance bekommen, für die Zukunft aufzubauen, werden Sie den Job annehmen, ohne an eine Belohnung zu denken, die über die einfache Befriedigung hinausgeht, eine helfende Hand zu reichen.

Bill Seaton war solch ein Mann, auch wenn er das Rampenlicht genoss und gerne eine Führungsposition innehatte.

„Komm schon, Harry“, sagte ich. „Wir können ihn genauso gut wecken und es hinter uns bringen.“

Wir gingen in die Hütte. Bill schlief mit angezogenen langen Beinen auf dem Boden. Sein Mund war offen und er schnarchte laut. Ich musste daran denken, wie sehr er einer übergroßen Heuschrecke ähnelte. Aber das war nur ein erster Eindruck, der auf überreizten Nerven beruhte.

Ich bückte mich und schüttelte Bill wach. Ich packte ihn am Arm und schüttelte ihn, bis sein Kiefer zuschnappte und er aufrichtete und plötzlich wie aus dem Häuschen war. Der groteske Aspekt verlor sich sofort von ihm. Würde überkam ihn und hüllte ihn wie ein Mantel.

„Ned, sagst du? Der arme kleine Kerl! Also hilf mir – wenn ich die Ratte in die Finger bekomme, die es getan hat, werde ich sie über einem langsamen Feuer braten!“

Er stand auf, taumelte zu einem Ausrüstungsschrank und holte einen Sonnenhelm und ein Paar Shorts heraus. Er zog sich schnell an, fluchte ständig und starrte aus der Tür in das helle Morgenlicht, als wollte er mit beiden Fäusten auf den ersten verdächtigen Kerl prallen, der ihm über den Weg lief.

„Wir können nicht zulassen, dass diese Fußabdrücke zertrampelt werden“, murmelte er. „Hier gibt es viele dumme Bastarde, die nicht die geringste Ahnung davon haben, wie man die Zeiger intakt hält. Diese Fingerabdrücke sind vielleicht das Einzige, womit wir weitermachen müssen.“

„Nur wir drei können damit klarkommen, Bill“, sagte ich. „Wenn Sie entscheiden, was getan werden soll , können wir die anderen wecken.“

Bill nickte. „Das Wichtigste ist, dass wir es geheim halten. Wir werden ihn hierher zurückbringen. Wenn wir die Nachricht verbreiten , möchte ich, dass die Leiche außer Sichtweite ist.“

Harry, Bill und ich – wir machten einen weiteren Spaziergang in der Sonne. Ich sah Harry an und der grünliche Schimmer, der sich in sein Gesicht eingeschlichen hatte, erschreckte mich. Er nimmt das ziemlich schwer, dachte ich. Wenn ich ihn nicht so gut gekannt hätte , wäre ich vielleicht zu einem hässlichen Schluss gekommen. Aber ich konnte mir einfach nicht vorstellen, dass Harry mit Ned wegen Molly streitet.

Wie habe ich es selbst genommen? Ich hob meine Hand und sah es an. Es gab kein Zittern. Die Nerven sind stabil, das Gehirn klar. Keine Freude daran, das Gesetz durchzusetzen – geben Sie das Geld an Bill weiter. Aber es lag eine grausame Aufgabe vor mir, und ich meisterte sie so gut, wie man es erwarten konnte.

Haben Sie jemals versucht, eine Leiche hochzuheben? Die Leiche eines Fremden lässt sich leichter hochheben als die Leiche eines Mannes, den man kannte und mochte. Harry und ich hoben ihn gemeinsam hoch. Zwischen uns schien das tote Gewicht nicht allzu unerträglich zu sein – zunächst nicht. Aber es wurde schnell zu einem schrecklichen, schweren Hinken, das an unseren Armen zerrte wie ein durchnässter Baumstamm, der aus dem dunklen Wasser des Kanals ausgebaggert wurde.

Wir trugen ihn in die Hütte und ließen ihn auf dem Boden liegen. Sein Kopf fiel nach hinten und seine Augen öffneten sich.

Der Tod ist immer beschämend. Es beseitigt alle menschlichen Zurückhaltungen und verspottet die Menschenwürde und die Rebellion des Menschen gegen die Grausamkeit des Schicksals.

Einen Moment lang starrten wir auf alles, was von Ned übrig geblieben war. Ich sah Bill an. „Wie viele Männer im Lager tragen Schuhe der Nummer zwölf?“

„Wir werden es früh genug herausfinden.“

Die ganze Zeit über hatten wir Larsen nicht erwähnt. Kein Wort über Larsen, kein gesprochenes Wort. Betrug, ja. Lügen und heimtückische Illoyalität und Boshaftigkeit und Bosheit. Kämpfe um Mitternacht am Lagerfeuer, geschlagene Gesichter und gebrochene Handgelenke und ein Fluchen, das nie aufhörte. All das können wir Larsen zuschreiben. Aber ein harmloser kleiner Kerl, der tot an einem Brunnen in einer sich ausbreitenden Blutlache lag – das war ein Skandal, der uns von unserer Legendenbildung abhalten ließ.

Es gibt etwas im menschlichen Geist, das vor einer zu unerhörten Täuschung zurückschreckt. Wie wunderbar wäre es gewesen zu sagen: „Larsen war letzte Nacht wieder hier. Er fand einen kleinen Kerl, der noch nie jemandem etwas zuleide getan hatte, im Mondlicht an einem Brunnen stehen. Nur aus purer Freude beschloss er, den kleinen Kerl auf der Stelle zu töten.".'' Nur um der Legende Glanz zu verleihen, nur um ein Gefühl der Aufregung über das Lager zu verbreiten.

Nein, das wäre die kolossale Lüge gewesen, die kein vernünftiger Mensch hätte glauben können.

Dann geschah etwas, was uns noch mehr verunsicherte.

Das verstörendste Geräusch, das man auf dem Mars hören kann, ist das Flüstern. Normalerweise beginnt es als kaum hörbares Rauschen und nimmt mit jeder Winddrehung an Lautstärke zu. Aber jetzt begann es hoch und eindringlich und hörte nicht auf.

Es war das Flüstern einer sterbenden Rasse. Die Marsmenschen sind so schwer fassbar wie Elfen, und die ganze erbarmungslose Logik der Wissenschaft hatte es nicht geschafft, sie ins Sonnenlicht zu locken, um in kompromissloser Arroganz als ihresgleichen vor den Menschen zu stehen.

Dieses Scheitern war eine Tragödie für sich. Wenn die Vormachtstellung des Menschen überhaupt in Frage gestellt werden soll, dann durch ein Geschöpf aus Fleisch und Blut, einen großhirnigen Zweibeiner, der töten muss, um zu überleben. Das ist bei weitem besser als ein geisterhaftes Flackern in der zunehmenden Dämmerung, ein Flüstern und Flattern und ein langgezogenes Seufzen, das den Tod prophezeit.

Oh, die Marsmenschen waren real genug. Eine umherhuschende Vampirfledermaus ist real oder ein stechender Rochen in den Tiefen einer blauen Lagune. Aber wer könnte auf einen Marsmenschen zeigen und sagen: „Ich habe dich am helllichten Tag gesehen. Ich habe in deine Eulenaugen geschaut und zugesehen, wie du auf deinen dünnen, stielartigen Beinen über den Sand flitztest? Ich weiß, daran ist nichts Geheimnisvolles." Du. Du bist wie ein Wasserinsekt, das über die Oberfläche eines Teiches auf einer vertrauten Wiese auf der Erde gleitet. Du bist schnell und wachsam, aber einem Menschen nicht gewachsen. Du bist nicht mehr als ein interessantes Insekt."

Wer könnte das schon sagen, wenn es doch tief unter dem Sand vergrabene Ruinen gäbe, die eine solche Vorstellung widerlegen würden? Zuerst die Ruinen und dann die Marsmenschen selbst, die immer flüchtig, gnomenartig, koboldhaft in der sich auflösenden Dämmerung davonfliegen.

Sie sind ein vergleichender Archäologe und befinden sich auf dem Mars mit der ersten Gruppe robuster Jugendlicher, die mit Sternenstaub in den Augen aus einem Raumschiff stürzen. Man sieht diese Jugendlichen, die in der Wüste Brunnen graben und schwitzen. Man sieht, wie die Fertighäuser in die Höhe schnellen, das Gewirr der Maschinen, die Campingplätze, in denen es mit Mitternachtsschlägereien und knochenbrechenden Eskapaden immer lauter wird. Man sieht die Städte in der Wüste, die Strafverfolgungskomitees, die Anhänger des Lagers, die Reformfanatiker.

Du bist ein nüchtern denkender Gelehrter und fängst also an, in den Ruinen zu graben. Sie bringen seltsam aussehende Zylinder, Filmrollen mit Gewinde und wissenschaftliche Instrumente zur Sprache, die so komplex sind, dass Sie schwindelig werden.

Man fragt sich, was die Marsmenschen waren – wie sie aussahen, als sie ein junges und stolzes Volk waren. Wenn Sie ein Archäologe sind, fragen Sie sich. Aber Bill und ich – wir waren noch junge Leute. Klar, wir waren in den Dreißigern, aber wer hätte das gedacht? Bill sah aus wie siebenundzwanzig und ich hatte kein einziges graues Haar auf dem Kopf.

III

Bill nickte Harry zu. „Du bleibst besser hier. Tom und ich werden ein paar gezielte Fragen stellen, und unser erster Schritt wird von den Antworten abhängen, die wir bekommen. Lass niemanden in dieser Hütte herumschnüffeln. Wenn jemand seinen Kopf hineinsteckt und anfängt, es zu tun Werde hässlich, warne ihn nur einmal – und schieße dann, um ihn zu töten." Er reichte Harry eine Waffe.

Harry nickte grimmig und ließ sich neben Ned auf dem Boden nieder. Zum ersten Mal, seit ich ihn kannte, wirkte Harry vollkommen selbstsicher.

Als wir aus der Hütte kamen, war das Flüstern so laut, dass das gesamte Lager in Alarmbereitschaft versetzt worden war. Es wäre nicht nötig, dass wir in eine Hütte nach der anderen gehen und dabei zusehen, wie sich Überraschung und Schock in ihren Augen zeigen.

Ein Dutzend oder mehr Männer befanden sich zwischen Bills Hütte und dem Brunnen. Sie starrten grimmig auf die Morgendämmerung, als könnten sie bereits Blut am Himmel sehen, das sich über den Sand ergoss und sich zu einer unheimlichen Pfütze zu ihren Füßen ausbreitete. Ein Trugbild ähnlicher Teich, der ihre eigenen verborgenen Vorahnungen widerspiegelt, ein geknotetes Seil und die angespannten Schultern von Männern, die zu rachsüchtig sind, um die Bedeutung von Zurückhaltung zu kennen.

Jim Kenny stand abseits und allein, etwa zwölf Meter vom Brunnen entfernt, und starrte uns direkt an. Sein Hemd war bis zum Hals offen und gab einen

Teil seiner behaarten Brust frei, und seine großen Hände steckten tief in seinem Gürtel. Er war etwa 1,80 Meter groß, sehr kräftig und hatte große Füße.

Ich stieß Bills Arm an. "Was denken Sie?" Ich fragte.

Kenny schien ein wahrscheinlicher Verdächtiger zu sein. Molly war ihm von Anfang an aufgefallen und er hatte keine Zeit verloren, ihr nachzujagen. Ein Mann wie Kenny hätte gespürt, dass es ein schwerer Schlag für seinen Stolz gewesen wäre, gegen einen Mann seinesgleichen zu verlieren. Aber stellen Sie sich vor, Kenny verliert gegen einen kleinen Kerl wie Ned. Es hätte ihn wütend gemacht und seine Augen mit einem roten Film des Hasses überzogen.

Bill beantwortete meine Frage langsam, seinen Blick auf Kennys geschorenen Kopf gerichtet. „Ich denke, wir sollten uns besser seine Schuhe ansehen“, sagte er.

Wir näherten uns langsam, achteten darauf, die anderen nicht zu stören, und taten so, als würden wir auf einem Spaziergang vor dem Frühstück zum Brunnen schlendern.

In diesem Moment kam Molly aus ihrer Hütte. Sie stand einen Moment lang blinzelnd im grellen Licht der Morgendämmerung, ihr offenes Haar fiel ihr in einer wirren dunklen Masse auf die Schultern, ihre Augen waren noch immer schläfrig vom Schlaf. Sie trug rostfarbene Hausschuhe und ein figurbetontes gelbes Gewand mit einem Gürtel in der Taille.

Molly war nicht gerade schön. Aber sie hatte etwas Pulsierendes an sich und es war leicht zu verstehen, dass es für einen Mann wie Kenny schwierig sein konnte, ihr zu widerstehen.

Bill warf Kenny einen schrägen Blick zu, dann zuckte er mit den Schultern und sah Molly direkt an. Er drehte sich zu mir um, seine Stimme war fast ein Flüstern: „Das muss man ihr sagen, Tom. Du tust es. Sie mag dich sehr.“

Ich habe mich selbst gefragt, wie sehr sie mich mochte. Es war schwer, sicher zu sein.

Bill sah mein Zögern und runzelte die Stirn. „Man merkt, ob sie etwas vertuscht. Ihre Reaktion könnte uns einen Hinweis geben.“

Molly sah erschrocken aus, als sie mich ohne die Maske, die ich normalerweise trug, näherkommen sah, als ich sie herumführte, grinste, ihr durchs Haar fuhr und ihr sagte, dass sie das süßeste Kind sei, das man sich vorstellen kann, und dass sie aus irgendeinem Mann – nicht aus mir – eine tolle Ehefrau machen würde.

Das machte es ihr nur noch schwerer, es ihr zu sagen. Das Schwierigste war am Ende – als sie mich mit trockenen Augen anstarrte und ihre Arme um mich warf, als wäre ich die letzte Stütze, die ihr auf Erden blieb.

Für einen Moment hätte ich fast vergessen, dass wir nicht auf der Erde waren. Auf der Erde hätte ich sie vielleicht auf völlig vernünftige Weise trösten können. Aber wenn Ihnen auf dem Mars eine Frau in die Arme fällt, können Ihre Gefühle innerhalb von Sekunden verschmelzen.

„Stetig", flüsterte ich. „Wir sind nur gute Freunde, erinnerst du dich?"

„Ich wäre bereit, es zu vergessen, Tom", sagte sie.

„Du hattest einen schrecklichen Schock", flüsterte ich. „Du hast diesen kleinen Kerl wirklich geliebt – mehr als du denkst. Es ist ganz natürlich, dass du eine gewisse Wärme für mich verspürst. Ich war zufällig hier – also hast du mich geküsst."

„Nein, Tom. So ist es überhaupt nicht –"

Ich hätte mich vielleicht ein wenig gehen lassen, wenn Kenny uns nicht gesehen hätte. Er stand einen Moment lang ganz still da und starrte Molly an. Dann verengten sich seine Augen und er ging langsam auf uns zu, die Hände immer noch im Gürtel vergraben.

Ich sah Molly schnell an und sah, dass ihre Gesichtszüge verhärtet waren. In ihren Augen lag ein Ausdruck dunklen Misstrauens. Auch Bill hatte Kenny beobachtet und darauf gewartet, dass er sich bewegte. Er maß mit Kenny die Schritte, die aus einem anderen Winkel und in einem so berechneten Tempo in die gleiche Richtung gingen, dass es schien, als ob sie sich zufällig direkt vor uns trafen.

Bill zeichnete nicht, aber seine Hand verließ nie seine Hüfte. Seine Stimme klang klar und scharf und von kalter Beharrlichkeit geprägt. „Weißt du etwas darüber, Kenny?"

Anspannung schien Kennys Gesicht zu verspannen, aber in seinen Augen lag keine Panik, kein wirklicher Anflug von Angst. „Warum hast du gedacht, ich würde es wissen?" er hat gefragt.

Bill sagte kein Wort. Er fing einfach an, Kennys Schuhe anzustarren. Er trat ein wenig zurück und starrte weiter, als wäre ihm etwas Lebenswichtiges entgangen und hätte unter dem durchnässten Leder um Kennys Füße Zuflucht gesucht.

„Welche Schuhgröße trägst du, Jim?" er hat gefragt.

Kenny musste vermutet haben, dass bei dieser Frage ein ebenso großes Explosionsrisiko bestand wie bei einem Sprengdraht, der bei der geringsten Erschütterung explodieren sollte. Seine Augen wurden schlau und spöttisch.

„ Der Typ, der es getan hat, hat also Abdrücke im Sand hinterlassen?" er sagte. „Drucke von großen Schuhen?"

„Das stimmt", sagte Bill. „Du hast einen sehr aktiven Geist."

Dann lachte Kenny und der Spott verstärkte sich in seinem Blick. „Nun", sagte er, „angenommen, wir schauen uns diese Abdrücke an, und wenn es Sie beruhigt, ziehe ich meine Schuhe aus und Sie können sie auf Größe testen."

Kenny, Bill und ich gingen im heißen, gleißenden Licht langsam von Mollys Hütte zum Brunnen, und das Flüstern ging weiter und ging uns auf quälende Weise unter die Haut.

Kenny trug immer noch dieses verstörende Grinsen. Er betrachtete die Abdrücke und grunzte. „Ja", sagte er, „sie sind wirklich groß. Die größten Drucke, die ich je gesehen habe."

Er setzte sich und begann, seine Schuhe zu öffnen. Erst der rechte Schuh, dann der linke. Er zog beide Schuhe aus und reichte sie Bill.

„Fügen Sie sie ein", sagte er. „Messen Sie ihre Größe. Messen Sie *meine* Größe und zum Teufel mit Ihnen!"

Bill prüfte sorgfältig. Es waren acht Abdrücke, und er passte die Schuhe sorgfältig in jeden von ihnen ein. Bei jedem Versuch blieb Platz übrig.

Es hat Kenny völlig geklärt. Er war kein Mörder – dieses Mal. Wir hätten das Lager möglicherweise in Lynchmord versetzt und Kenny wäre für ein Verbrechen gestorben, das ein anderer Mann begangen hatte. Ich schloss die Augen und sah Larsen mit einer schwarzen Kapuze über dem Gesicht von einem Dach schwingen. Ich sah Molly neben mir im Sonnenlicht stehen, ihr Gesicht war eine steinerne Maske.

Ich öffnete meine Augen und da war Kenny, der uns verächtlich angrinste. Er hatte unseren Bluff aufgedeckt und gewonnen. Jetzt war der Schuh auf dem anderen Fuß.

Ein kalter Schauer lief mir über den Rücken. Es war Kenny, der jetzt starrte, und er blickte direkt auf meine Schuhe. Er trat etwas zurück und starrte weiter. Er dramatisierte seinen plötzlichen Triumph auf eine Weise, die mein Blut in Eis gefrieren ließ.

Dann sah ich, dass auch Bill starrte – direkt auf die Schuhe eines Mannes, den er seit drei Jahren kannte und zu dem er gewachsen war und dem er vertraute. Aber der Wärme und Freundlichkeit von Bill lag eine granitartige Integrität zugrunde, die durch nichts zu erschüttern war.

Es war Bill, der zuerst sprach. „Ich schätze, du solltest sie besser ausziehen, Tom", sagte er. „Wir können das genauso gut gründlich angehen."

Klar, ich war groß. Als Kind bin ich schnell erwachsen geworden, und mit achtzehn wog ich hundertdreißig Pfund, ganz aus magerem Fleisch. Wenn die Schuhe zu groß ausfielen , konnte ich meine Füße manchmal in Größe 12 stopfen, aber in ein oder zwei Größen größer fühlte ich mich viel wohler.

Was es noch schlimmer machte: Molly mochte mich. Ich hatte etwas mit ihr zu tun, aber niemand wusste, wie sehr. Niemand wusste, ob wir uns gestritten hatten oder nicht, oder wie wahnsinnig eifersüchtig ich sein konnte. Niemand wusste, ob Molly nur so getan hatte, als würde sie Ned mögen, während sie eine Fackel für mich trug, und wie gefährlich komplex die Situation auf der ganzen Linie geworden sein könnte.

Ich stand ganz still und lauschte. Das Flüstern war jetzt so laut, dass es das Seufzen des Windes übertönte. Ich blickte auf meine Schuhe hinunter. Sie waren mit Schlamm verkrustet, durchnässt und verfärbt. Tag für Tag stapfte ich im gleißenden Sonnenlicht vom Kanal zu den Hütten hin und her, ohne an meine Füße zu denken, bis der Schmerz in ihnen unerträglich geworden war und Ruhe ein absolutes Muss war.

Es gab nur eine Möglichkeit: Kennys Bluff so schnell aufzudecken, dass er keine Zeit mehr hatte, mir eine weitere Anschuldigung vorzuwerfen.

Ich reichte Bill meine beiden Schuhe. Er sah mich an und nickte. Ich wartete, lauschte dem Flüstern, das sich hob und senkte, und sah zu, wie er sich bückte und die Schuhe in die Abdrücke im Sand steckte.

Er richtete sich plötzlich auf. Sein Gesicht war ausdruckslos, aber ich konnte sehen, dass er einen schrecklichen inneren Kampf mit sich selbst führte.

„Deine Schuhe füllen diese Abdrücke ziemlich gut aus, Tom", sagte er. „Ich bin mir nicht sicher – aber ein Wachsabdrucktest sollte das ziemlich genau klären." Er ergriff meinen Arm und nickte in Richtung der Hütten. „Bleib besser in meiner Nähe."

Kenny machte einen langsamen Schritt zurück, sein Kiefer spannte sich und seine Augen suchten Bills Gesicht. „Wachsabdrucktest, verdammt!" er sagte. „Sie haben Ihren Mörder. Ich werde dafür sorgen, dass er bekommt, was auf ihn zukommt – sofort!"

Bill schüttelte den Kopf. „Ich mache das auf meine Art", sagte er.

Kenny warf ihm einen bösen Blick zu und lachte dann harsch. „Du wirst keine Chance haben", sagte er. „Die Jungs werden das nicht dulden. Ich werde es weitersagen, und du solltest besser nicht versuchen, mich aufzuhalten."

Das hat es geschafft. Ich hatte mich zurückgehalten, aber plötzlich verspürte ich den überwältigenden Drang, Kenny mit der Faust ins Gesicht zu schlagen und ihn in den Sand fallen zu lassen. Ich wollte auf ihn losgehen, aber er sprang zurück und fing an zu schreien.

Ich kann mich nicht genau erinnern, was er geschrien hat. Aber er sagte gerade genug, um mir eine Schlinge um den Hals zu legen. Jeder Mann und jede Frau zwischen den Hütten und dem Brunnen drehte sich um und starrte mich an. Ich sah Schock und Wut in den Augen von Männern aufflammen, die normalerweise über stabile Nerven verfügten. Sie waren jetzt nicht ruhig – keiner von ihnen.

IV

Es ging alles so schnell, dass ich das Gleichgewicht verlor. Im grellen Sonnenlicht des Mars können menschliche Gefühle so instabil sein wie eine windgepeitschte Düne.

Ein verrückter Gedanke schoss mir durch den Kopf: Wird Molly das auch glauben? Wird sie sich diesen Verrückten in ihrem wilden Durst nach Rache anschließen? Mein Verlangen nach ihr war plötzlich überwältigend. Nur ihr Gesicht zu sehen hätte geholfen, aber jetzt waren mehr Männer aus den Hütten aufgetaucht und ich konnte nicht über sie hinaussehen. Sie kamen direkt auf mich zu und ich wusste, dass selbst Bill nicht in der Lage sein würde, sie aufzuhalten.

Mit einer Lawine kann man nicht streiten. Es rollte direkt auf mich zu und nahm immer mehr Fahrt auf – nicht ein Mann oder ein Dutzend, sondern eine solide Mauer aus menschlichem Hass und Unvernunft.

Bill blieb standhaft. Er hatte seine Waffe gezogen und begann zu schreien, dass die Abdrücke nicht von meinen Schuhen stammen könnten. Ich schrieb das seiner Ehre zu und beschloss, es nie zu vergessen.

Ich wusste, dass ich einen Anlauf nehmen musste. Ich rannte so schnell ich konnte und behielt den Schimmer des Sonnenlichts auf den aufsteigenden Dünen und die tiefen Mulden im Auge, die eine sorgfältig platzierte Kugel schnell in einen Grabhügel hätte verwandeln können.

Eine plötzliche, knisternde Salve von Schüssen zerriss die Luft. Direkt in meinem Weg bildete der Sand einen Geysir , als die Kugeln ihn zerrissen und zerrissen. Jemand war kein guter Schütze oder hatte sich von blinder Wut verunsichern und sein Ziel verderben lassen. Viele Leute – denn das Feuer wurde stärker und wurde für einen Moment fast ununterbrochen, ein dumpfes Knistern, das das Flüstern und Seufzen des Windes übertönte.

Dann verstummten plötzlich alle Geräusche. Völlige Stille senkte sich über die Wüste – eine unnatürliche, erschreckende Stille, als ob die Natur selbst aufgehört hätte zu atmen und darauf wartete, dass jemand schreit.

Ich muss verrückt gewesen sein, mich umzudrehen. Eine schwankende Zielscheibe hat eine Chance, aber eine bewegungslos stehende Zielscheibe ist eine taube Ente und ihr Leben hängt am seidenen Faden. Aber ich drehte mich trotzdem um.

Etwas passierte zwischen dem Brunnen und den Hütten, was die Verfolgung abrupt zum Erliegen brachte. Eine der Hütten war von zuckenden Flammenzungen umhüllt, und eine Frau schrie, und ein Mann in ihrer Nähe kämpfte mit etwas Riesigem und Unförmigem, das sich deutlich vom Morgenlicht abhob.

Eine menschliche Gestalt? Ich konnte nicht sicher sein. Es schien monströs, mit einer Wölbung zwischen seinen Schultern, die dem Schatten, den seine webende Masse auf den Sand warf, ein groteskes und verzerrtes Aussehen verlieh. Ich konnte den Schatten deutlich über dreihundert Fuß Sand erkennen. Es verlängerte und verkürzte sich, als hätte ihm eine krakenartige Wildheit die Macht verliehen, sich nach Belieben zu verzerren, seine Tentakel zu verlängern und sie dann wieder zurückzuschleudern.

Aber es war kein Oktopus. Es hatte Beine und Arme und zerquetschte den Mann mit einem Griff aus Stahl. Das konnte ich jetzt sehen. Ich starrte, während die anderen starrten, sie drehten mir den Rücken zu, und ihr blinder Hass auf mich wurde durch dieses größere Grauen ausgelöscht.

Plötzlich wurde mir klar, dass die Gestalt menschlich war. Es hatte den Kopf und die Schultern eines Mannes und einen Oberkörper, der sich mit Muskelkraft drehen konnte, und massive Hände, mit denen es zerfleischen und verstümmeln konnte. Es warf den unglücklichen Mann mit einer plötzlichen krampfhaften Kontraktion seiner gesamten Masse von sich. Ich hatte noch nie einen Menschen gesehen, der sich auf diese Art und Weise bewegte, aber selbst als seine Gewalt zunahm, wurde sein menschenähnlicher Aspekt immer deutlicher.

Da geschah etwas Schreckliches. Die Frau schrie und stürzte mit gespreizten Fingern auf den brutalen Wahnsinnigen zu. Die schwankende Gestalt beugte sich vor, packte sie an der Taille und hob sie hoch in die Luft. Ich dachte für einen Moment, er würde sie zerquetschen, so wie er den Mann zerquetscht hatte. Aber ich habe mich getäuscht. Sie wurde in den Sand geschleudert, allerdings mit so brutaler Gewalt, dass sie sofort schlaff wurde.

Dann drehte sich der brutale Verrückte um und ich sah sein Gesicht. Wenn jemals monströse Grausamkeit und bösartige List aus einem menschlichen

Antlitz schauten, dann aus den Augen, die in meine Richtung starrten, unbarmherzig in ihrem Hass.

Ich konnte meinen Blick nicht von seinem Gesicht lösen. Der Hass darin konnte man spüren, selbst in einem blendenden Sonnenlichtschleier, der die scharfen Konturen physischer Dinge verdunkelte. Aber mehr als nur Hass war zu spüren. Dieses Gesicht hatte etwas Ungeheures, als hätte das Böse, das es verwüstet hatte, das sengende Mal Luzifers selbst hinterlassen!

Einen Moment lang stand der Verrückte regungslos da, seine gespenstische Brutalität war unangefochten. Dann machte sich Jeff Winters daran. Jeff war allein zum Mars gekommen und wurde mit jedem Tag einsamer. Er war ein grüblerischer, eingewachsener Mann, geheimnisvoll und mürrisch, mit einem Hauch von Wildheit, den er normalerweise unter Kontrolle brachte. Er ging auf den Verrückten los wie ein riesiger Terrierwelpe, struppig und wild und den Tod verachtend.

Die große Gestalt drehte sich schnell um, hob den Arm und schlug mit der geschlossenen Faust auf Jeffs Schädel. Jeff brach zusammen wie ein zerbrochener Gipsverband. Sein Körper schien zu brechen und zu splittern, und er fiel nach vorne auf den Sand.

Er stand nicht auf.

Frank Anders hatte Waffen an beiden Hüften und zog sie schnell. Niemand wusste, was für ein Mann Anders war. Er beschwerte sich kaum jemals oder machte ein Spektakel aus sich. Er war ein kleiner Kerl mit sandfarbenem Haar und kalten blauen Augen und hatte eine Zielgenauigkeit, die ihm das Sprechen abnahm.

Plötzlich dröhnten seine Waffen. Für einen Moment war die Luft zwischen seinen Händen und dem Wahnsinnigen eine knisternde Flammenwand. Das Tier schwankte ein wenig, wandte sich aber nicht ab. Mit weit ausgebreiteten Armen ging er direkt auf Anders zu.

Er packte Anders an der Hüfte, hob ihn hoch und warf seinen Körper in den Sand. Als ich starrte, überkam mich eine Übelkeit. Der Verrückte schlug Anders' Kopf immer wieder auf den Boden. Dann entspannten sich plötzlich die großen Arme und Anders sackte schlaff zu Boden.

Einen Moment lang schwankte der Verrückte langsam hin und her, wie eine blutbefleckte Marionette auf einem Draht. Dann bewegte er sich mit einem schrecklichen, schlurfenden Gang vorwärts, den Kopf gesenkt, und ein dunkler, unförmiger Schatten schien sich wie eine Flammenspindel vor ihm im Sand zu verlängern.

Auf der Lichtung herrschte plötzlich lautes Getöse. Die Wut, die gegen mich entfesselt worden war, richtete sich gegen das Monster und wurde zu einem geschlossenen Kreis tödlicher, entschlossener Absichten, der es einschränkte – und er geriet in ein Kreuzfeuer, das ihn rückwärts in den Sand schleuderte.

Er sprang auf und stürzte direkt auf den Brunnen zu. Was dann geschah, war wie das Erwachen in einem schrecklichen Traum. Der Verrückte schlurfte am Brunnen vorbei, die Luft in seinem Rücken war eine knisternde Flammenschicht. Das Sperrfeuer hinter ihm war ununterbrochen und gnadenlos. Die Männer waren nun organisiert, standen zusammen in einer festen Mauer und feuerten mit tödlicher Genauigkeit und einem grimmigen Ziel, das über die Angst hinausging.

Der Verrückte trottete an mir vorbei und kletterte mit geraden Schultern eine Düne hinauf. Während das Sonnenlicht um ihn herum immer dunkler wurde, schritt er über die Düne und verschwand.

Ich drehte mich um und starrte zurück zum Lager. Die Verfolger hatten den Brunnen passiert und waren auf dem Weg zu mir. Aber niemand schenkte mir die geringste Aufmerksamkeit. Zwölf Männer gingen zu dritt an mir vorbei. Bill folgte ihnen mit starrem Blick. Als er an mir vorbeiging, streckte er die Hand aus, packte mich an der Schulter und schenkte mir ein galanten Lächeln.

„Wir wissen jetzt, wer Ned getötet hat", flüsterte er. „Wir wissen es, Junge. Bleib ruhig, entspann dich."

Mein Kopf pochte, aber ich konnte die großen Abdrücke von meinem Standpunkt aus sehen – die Abdrücke eines Mörders, der von seinem unstillbaren Drang zu töten verraten wurde.

Ich sah Kenny vorbeigehen und er grinste mich verächtlich an. Er hatte sein Bestes getan, um mich zu zerstören, aber in mir war kein Hass mehr.

Ich machte einen langsamen Schritt nach vorne – und fiel flach auf mein Gesicht …

Ich wachte mit meinem Kopf in Mollys Schoß auf. Sie sah mir ins Gesicht, schluchzte auf seltsame Weise und fuhr mir mit den Fingern durchs Haar.

Sie sah erschrocken aus, als sie sah, dass ich hellwach war. Sie blinzelte wütend und fing an, an ihrer Taille nach einem Taschentuch zu suchen.

„Ich muss bewusstlos geworden sein", sagte ich. „Es ist ziemlich anstrengend, Opfer einer Lynchbiene zu sein. Und was ich danach sah, war nicht gerade erfreulich."

„Liebling", flüsterte sie, „beweg dich nicht, sag kein Wort. Es wird dir schon gut gehen."

"Natürlich bin ich!" Ich sagte . „Im Moment fühle ich mich großartig.“

Mein Arm legte sich um ihre Schulter und ich zog ihren Kopf nach unten, bis ihr Atem warm auf meinem Gesicht war. Ich küsste ihre Haare, Lippen und Augen eine ganze Minute lang in völliger Rücksichtslosigkeit.

Als ich sie losließ , leuchteten ihre Augen und sie lachte ein wenig und weinte auch. „Du hast deine Meinung geändert“, sagte sie. „Du glaubst mir jetzt, nicht wahr?“

„Sprich nicht“, sagte ich. „Sag kein weiteres Wort. Ich möchte dich nur ansehen.“

„Du warst es von Anfang an“, sagte sie. „Nicht Ned – oder irgendjemand sonst.“

„Ich war ein blinder Narr“, sagte ich.

„Du hast mir nie einen zweiten Blick geschenkt.“

„Ein Blick genügte“, flüsterte ich. „Aber als ich sah, wie es zwischen dir und Ned zu sein schien –“

„Ich war nie in ihn verliebt. Es war nur –“

„Macht nichts, sag es nicht“, sagte ich. „Es ist vorbei.“

Ich blieb stehen und erinnerte mich. Ihre Augen weiteten sich und waren erschrocken, und ich konnte sehen, dass sie sich auch erinnerte.

"Was ist passiert?" Ich fragte. „Haben sie diese bösartige Ratte gefangen?“

Sie strich ihr Haar zurück, während das Sonnenlicht plötzlich grell auf ihr Gesicht fiel. „Er fiel in den Kanal. Die Kugeln rissen ihn zu Boden und er brach am Ufer zusammen.“

Ihre Hand umschloss mein Handgelenk fester. „Bill hat es mir erzählt. Er versuchte zu schwimmen, aber die Strömung trug ihn unter. Er ging hinunter und kam nie wieder hoch.“

„Ich bin froh“, sagte ich. „Hat ihn jemals jemand im Lager gesehen?“

Molly schüttelte den Kopf. „Bill sagte, er sei ein Herumtreiber – ein gefährlicher Wahnsinniger, der von der Sonne verrückt geworden sein muss.“

„Ich verstehe“, sagte ich.

Ich streckte die Hand aus und zog sie wieder in meine Arme, und wir ruhten einen Moment lang ausgestreckt Seite an Seite im Sand.

„Es ist lustig“, sagte ich nach einer Weile.

"Was ist?"

„Sie wissen, was man über das Flüstern sagt. Manchmal, wenn man aufmerksam zuhört, scheint man Worte tief in seinem Kopf zu hören. Als ob die Marsmenschen telepathische Kräfte hätten.“

„Vielleicht haben sie das“, sagte sie.

Ich warf ihr einen Seitenblick zu. „Denken Sie daran“, sagte ich. „Es gab Städte auf dem Mars, als unsere Vorfahren noch haarige Affen waren. Die Marszivilisation blühte und war großartig, fünfzig Millionen Jahre bevor die Pyramiden als Denkmal menschlicher Solidarität und Würde entstanden. Ein schlechtes Denkmal, erbaut durch Sklavenarbeit. Aber zumindest war es so.“ ein Anfang."

„Jetzt wirst du poetisch, Tom“, sagte sie.

„Vielleicht bin ich das. Die Marsmenschen müssen auch ihre Pyramiden gehabt haben. Und auf der Pyramidenstufe müssen sie ihre Larsens gehabt haben , um die ganze Schuld auf sich zu nehmen. Für sie sind wir vielleicht immer noch in der Pyramidenstufe. Angenommen –“

„Was soll das heißen?“

„Angenommen, sie wollten uns warnen und uns eine Lektion erteilen, die wir nicht vergessen dürfen. Wie können wir mit Sicherheit sagen, dass eine sterbende Rasse bestimmte Techniken, die weit über uns hinausgehen, nicht noch nutzen könnte?“

„Ich fürchte, ich verstehe es nicht“, sagte sie verwirrt.

„Eines Tages“, sagte ich, „wird unsere eigene Wissenschaft ein winziges Fragment menschlichen Gewebes aus dem Körper eines toten Mannes entnehmen, es in eine Inkubationsmaschine geben, und aus diesem winzigen Stück Fleisch wird wieder ein neuer Mensch entstehen. Ein Mann.“ der wieder gehen, leben und atmen, wieder lieben und nach einem weiteren vollen Leben wieder sterben kann.

„Vielleicht war die Marswissenschaft einst so großartig. Und die Marsianer erinnern sich vielleicht noch an einige der Techniken. Vielleicht könnten sie aus unserem menschlichen Gehirn, aus unseren vergrabenen Erinnerungen und Wünschen den Schlüssel stehlen und so etwas Schreckliches zum Leben erwecken.“ monströs und so schrecklich –

Ihre Hand in meiner wurde plötzlich kalt. „Tom, du kannst nicht ehrlich denken –“

"Nein ich sagte. „Das ist natürlich Unsinn. Vergiss es.“

Ich sagte ihr nicht, was das Flüstern tief in meinem Kopf zu sagen schien.

Wir haben dir Larsen gebracht! Sie wollten Larsen und wir haben ihn für Sie gemacht! Sein Fleisch und sein Geist – seine grausame Stärke und sein böses Herz! Hier kommt er, hier ist er! Larsen, Larsen, Larsen!